'69. 18 Février

Vente des 19 et 20 Février 1869

DESSINS

ET

AQUARELLES

TABLEAUX ET MINIATURES

EXPOSITION PUBLIQUE
Le Jeudi 18 Février 1869

COMMISSAIRE-PRISEUR	EXPERT :
Me Philippe LECHAT,	**M. E. FÉRAL, Peintre,**
Rue Saint-Lazare, 64.	Rue de Buffault, 23.

PARIS — 1869

RENOU ET MAULDE

IMPRIMEURS DE LA COMPAGNIE DES COMMISSAIRES-PRISEURS

Rue de Rivoli, 144.

CATALOGUE

DE

DESSINS

ET

AQUARELLES

TABLEAUX ET MINIATURES

PARMI LESQUELS ON REMARQUE :

35 Beaux Dessins, par F. BOUCHER

14, par J.-B. HUET

ET AUTRES BELLES AQUARELLES

PAR

E. Delacroix, W. Callow, E. Lami, Justin Ouvrier
Charlet, Géricault, etc.

DONT LA VENTE AURA LIEU

HOTEL DROUOT, SALLE N° 3

Les Vendredi 19 et Samedi 20 Février 1869

Par le ministère de Mᵉ **PHILIPPE LECHAT**, Commissaire-Priseur,
rue Saint-Lazare, 64,

Assisté de M. **FÉRAL**, Peintre-Expert, rue de Buffault, 23,

CHEZ LESQUELS SE DISTRIBUE LE PRÉSENT CATALOGUE.

EXPOSITION PUBLIQUE

Le Jeudi 18 Février 1869, de une heure à cinq heures

PARIS — 1869

CONDITIONS DE LA VENTE

Elle sera faite au comptant.

Les Acquéreurs paieront, en sus des adjudications, CINQ CENTIMES PAR FRANC, applicables aux frais.

DÉSIGNATION

DESSINS

BEAUMONT (Édouard de)

1 — Jeune Fille coiffée d'un chapeau de paille avec fleurs, et portant sous son bras un panier et une houlette.

Très-jolie aquarelle. (Signé E. de Beaumont.)

H. 25 c. L. 14 c.

BEAUMONT

2 — Jeune Femme assise et filant ; elle a auprès d'elle un enfant endormi.

Jolie aquarelle. (Signé E. de Beaumont.)

H. 20 c. L. 16 c. 1/2.

BEAUMONT

3 — Jeune Femme et deux enfants à une fontaine.

Jolie aquarelle. (Signé E. de Beaumont.)

H. 16 c. 1/2. L. 13 c. 1/2.

BEAUMONT

4 — Le Cuvier (Conte de La Fontaine).

Petite aquarelle. (Signé E. de B.)

H. 06 c. 1/2. L. 10 c.

BELLANGÉ (Hyp.)

5 — Une jeune Femme montée sur une charrette et escortée par plusieurs militaires.

A la mine de plomb.

H. 20 c. L. 27 c.

BÉNARD

6 — Le Lac de Sergy.

Aquarelle. (Signé.)

H. 18 c. L. 25 c.

BERGHEM (Style de Nicolas)

(DEUX PENDANTS)

7 — Paysage et Animaux.

H. 28 c. L. 39 c.

BLANCHARD

8 — Falaises.

Aquarelle.

H. 23 c. L. 37 c.

BOISSIEU (J.)

9 — Jeune Dame tenant une ombrelle.

A la sanguine.

H. 22 c. L. 15 c.

BONINGTON (Simon-Parker)

10 — Vue de Venise.

Aquarelle.

H. 21 c. L. 14 c.

BONINGTON

11 — Un Journalier.

Étude à l'aquarelle et au crayon, (Signé.)

H. 33 c. L. 23 c.

BOUCHER (François)

12 — Une jeune Mère et ses enfants; elle est debout dans un paysage.

Beau dessin aux crayons noir et blanc, sur papiergris.

H. 30 c. L. 22 c.

BOUCHER

(PENDANT DU PRÉCÉDENT)

13 — Une Mère de famille assise dans un intérieur, avec deux enfants auprès d'elle.

Beau dessin aux crayons noir et blanc, sur papier gris.

H. 30 c. L. 22 c.

BOUCHER

14 — Composition allégorique où figurent trois Divinités et des Amours.

Modèle de plafond.

Beau dessin à la plume et au bistre légèrement lavé d'une teinte rouge.

H. 22 c. L. 29 c.

BOUCHER

15 — Jeune Femme couchée ayant un Amour auprès d'elle.

Beau dessin à l'estompe et au pastel, sur papier bleu.

H. 21 c. L. 32 c.

BOUCHER

16 — Nymphe endormie dans un paysage ayant un vase auprès d'elle.

Beau dessin aux crayons noir et blanc, sur papier foncé. (Signé F. Boucher, 1765.)

H. 30 c. L. 44 c.

BOUCHER

17 — Nymphe assise sur des nuages ayant avec elle un Amour.

Délicieux dessin à plusieurs crayons et légèrement frotté au pastel.

H. 33 c. L. 21 c.

BOUCHER

18 — Une Bergère debout tenant un panier de fleurs.

Au crayon noir et au pastel, sur papier gris.

H. 41 c. L. 29 c.

BOUCHER

19 — Hercule et Omphale.

Joli dessin à la pierre noire.

H. 20 c. L. 15 c.

BOUCHER

20 — La Bergère endormie.

A la sanguine. (Signé F. Boucher.)

H. 24 c. L. 28 c.

BOUCHER

21 — Des Bergers et leurs enfants entourés de leurs troupeaux.

Très-beau dessin à la plume et au bistre lavé d'une teinte rouge.

H. 25 c. L. 37 c.

BOUCHER

22 — Une troupe nombreuse de jeunes filles et de jeunes garçons assis dans un paysage, et, au milieu d'eux, un couple de villageois se livrant au plaisir de la danse.

Très-beau dessin à la sanguine.

H. 34 c. L. 22 c.

BOUCHER

23 — Vénus commandant à Vulcain des armes pour Énée.

Beau dessin à la sanguine rehaussé de blanc. (Signé F. Boucher, 1767.)

H. 30 c. L. 20 c.

BOUCHER

24 — La Naissance d'Adonis.

Beau dessin à la sanguine. (Signé F. Boucher, 1767.)

H. 32 c. L. 22 c.

BOUCHER

25 — Vertumne et Pomone.

A la sanguine.

H. 34 c. L. 23 c.

BOUCHER

26 — Des Tritons et des Naïades.

A la plume et au bistre, lavé d'une teinte rouge.

H. 22 c. L. 35 c.

BOUCHER

27 — Une Nymphe debout et un Amour.

Au crayon noir et au pastel.

H. 88 c. L. 21 c. 1/2.

BOUCHER

28 — Vénus mollement étendue et tenant une colombe.

(Signé F. Boucher, 1757.)

H. 27 c. 1/2. L. 38 c.

BOUCHER

29 — Trois Nymphes endormies.

Aux crayons noir et blanc, sur papier gris. (Signé F. Boucher.)

H. 22 c. L. 31 c.

BOUCHER

30 — Nymphe assise la tête appuyée sur la main droite.

Aux crayons blanc et noir et à la sanguine.

H. 22 c. 1/2. L. 28 c. 1/2.

BOUCHER

31 — Denx jeunes Femmes couchées.

Dessin aux crayons noir et blanc, avec légères touches de pastel, sur papier foncé.

H. 24 c. L. 35 c.

BOUCHER

32 — Jeune Fille tenant un bâton d'une main et conduisant un ours qu'elle tient à la main.

Dessin fait par l'artiste pour le théâtre Favart.

A la pierre noire.

H. 32 c. L. 21 c. 1/2.

BOUCHER

33 — Le Gascon puni.

Croquis à la plume et à l'aquarelle. (Signé F. Boucher.)

H. 20 c. L. 27 c. 1/2.

BOUCHER

34 — Paysage avec moulins.

A la pierre noire.

H. 28 c. L. 44 c.

BOUCHER

35 — Tête de jeune Femme couchée, tournée à gauche.

Délicieux dessin au crayon noir et au pastel.

H. 20 c. L. 16 c. 1/2.

BOUCHER

36 — Tête de jeune Femme, penchée à droite.

Délicieux dessin au crayon noir et au pastel.

H. 19 c. L. 15 c.

BOUCHER

37 — Jeune Fille vue à mi-corps tenant à la main une rose.

Au crayon noir et au pastel.

H. 22 c. L. 16 c.

BOUCHER

38 — Tête de jeune Femme, vue de profil, à droite.

Joli dessin au crayon noir, à la sanguine et au pastel.

H. 20 c. L. 16 c.

BOUCHER

39 — Tête de jeune Femme, vue de profil, à gauche; fleurs et ruban bleu dans la coiffure.

Joli dessin. (Signé F. Boucher.)

Crayon et pastel.

H. 26 c. L. 21 c.

BOUCHER

40 — Tête de jeune Femme, de profil, tournée à droite.

A l'estompe, légèrement frottée au pastel sur papier gris.

H. 24 c. L. 21 c.

BOUCHER

41 — Tête de jeune Fille, vue de profil, à droite.

Au crayon noir, à l'estompe, légèrement retouchée au pastel.

H. 23 c. L. 17 c.

BOUCHER

42 — Tête de jeune Femme, de profil, à gauche.

Aux crayons noir et blanc, sur papier bleu.

H. 24 c. L. 20 c.

BOUCHER

43 — Tète de jeune Fille, de profil, à droite.

Aux crayons noir et blanc.

H. 21 c. 1/2. L. 15 c.

BOUCHER

44 — Plusieurs têtes d'Hommes coiffées de turbans.

Belle étude aux crayons noir et blanc. (Signé F. Boucher.)

H. 22 c. 1/2. L. 37 c. 1/2.

BOUCHER

45 — Bergers et leurs troupeaux.

A ia plume, légèrement lavé an bistre.

H. 22 c. L. 18 c.

BOUCHER

46 — Les Amants surpris.

A la plume, légèremeut lavé au bistre.

H. 21 c. L. 17 c.

BOUCHER (Attribué à)

47 — Composition allégorique.

A la sanguine, à l'estompe et légèrement frottée au pastel.

H. 44 c. L. 34 c. 1/2.

BOUCHER (Attribué à)

48 — Jeune Femme faisant une offrande à l'autel de l'Amitié.

A la pierre noire.

H. 24 c. L. 17 c.

BOUCHER (Attribué à)

49 — Vénus assise tenant une flèche.

Au crayon noir, à la sanguine, légèrement frotté au pastel.

H. 40 c. L. 32 c.

BOUCHER (Attribué à)

50 — Portrait de jeune Femme en buste, collier de rubans autour du cou.

A la pierre noire, légèrement frotté au pastel.

H. 17 c. L. 12 c.

BOUCHER (Attribué à)

51 — Tête de Diane, vue de profil, à gauche.

A l'estompe et légèrement frottée au pastel.

H. 22 c. L. 17 c.

BOUCHER (Attribué à)

52 — Tête de jeune Femme, de profil, tournée à droite, les yeux levés vers le ciel.

Au crayon noir, à l'estompe et à la sanguine.

H. 24 c. 1/2. L. 18 c.

BOUCHER (Attribué à)

53 — Jeune Femme tenant un tambour de basque et dansant.

Sur papier bleu, aux crayons noir et blanc.

H. 43 c. L. 26 c.

BOUCHER (D'après)

54 — Tête de jeune Femme, de profil, tournée à gauche.

A la pierre noire et à l'estompe, légèrement frotté au pastel.

H. 17 c. L. 15 c.

BRILL (Paul)

55 — Fuite en Égypte.

Gouache très-fine.

H. 25 c. L. 36 c.

CALLOW (William)

56 — Vue de Venise.

Un canal bordé de maisons; dans le fond, les dômes de l'église appelée la Madona della Salute.

Superbe aquarelle. (Signé W. Callow, 1848.)

H. 23 c. L. 32 c.

CALLOW

57 — Honfleur.

Provient de la vente de M. le comte Aquila, dont elle porte les armes.

Aquarelle. (Signé.)

H. 25 c. L. 34 c.

CALLOW

58 — Port en Italie.

Aquarelle. (Signé.)

H. 22 c. L. 31 c.

CALLOW

59 — Bassin de l'Escaut.

Aquarelle. (Signé.)

H. 15 c. L. 17 c.

CALLOW

60 — Marine avec figures.

Aquarelle très-fine de couleur. (Signé.)

H. 16 c. L. 25 c.

CARESME (Jacques-Philippe)

61 — Triomphe de Silène.

Aquarelle.

H. 24 c. L. 38 c.

CARESME

62 — Bacchanale.

Aquarelle. (Signé Ch. Caresme, 1780.)

H. 20 c. L. 24 c.

CARESME

63 — Nymphes, Satyres et un Amour.

Aquarelle légèrement gouachée.

H. 17 c. L. 22 c.

CARESME

64 — Bacchantes et Satyres.

A la plume et à la sépia.

H. 28 c. L. 36 c.

CHARLET (N.)

65 — Un Factionnaire à la porte de la salle de police.

Aquarelle. (Signé Charlet.)

H. 29 c. L. 20 c.

CHARLET

66 — Dispute au cabaret.

Aquarelle gouachée. (Signé à droite.) Très-belle de couleur Collection de Delahaye avec son attestation derrière.

H. 27 c. L. 28 c.

COCHIN (Charles-Nicolas)

67 — Composition allégorique.

Dessin à la mine de plomb. (Signé N. Cochin fils, del 1772.)

H. 32 c. L. 21 c.

COCHIN

68 — Le Lion amoureux.

A la mine de plomb. (Fable de La Fontaine.)

H. 25 c. L. 19 c. 1/2.

DECAMPS

69 — Garde chassant.

Mine de plomb. (Signé.)

H. 21 c. L. 15 c.

DECAMPS

70 — Vieille Femme des environs d'Antibes.

Mine de plomb. (Signé D. C.)

H. 25 c. L. 20 c.

DELACROIX (Eugène)

71 — Faust dans un cabinet d'étude assis auprès d'une table.

Superbe aquarelle. (Signé dans le haut E. Delacroix.

H. 23 c. L. 17 c.

DELACROIX (Eugène)

72 — Environ quinze Dessins, Croquis à la plume et Mine de plomb seront vendus sous ce numéro qui sera divisé.

Provenant de la vente E. Delacroix.)

ENFANTIN

73 — Paysage. Vue prise en Italie.

A la sépia, provenant de l'album du duc d'Orléans. (Signé Enfantin, 1827.)

H. 19 c. L. 28 c.

FAIVRE (Tony)

74 — Deux Amours lutinant un pigeon qui veut s'échapper pour rejoindre sa compagne.

Crayons de couleur et gouache. (Signé à droite.)

H. 19 c. L. 33 c.

FORT (Siméon)

75 — Vue de Suisse.

Aquarelle.

H. 27 c. L. 40 c.

FORT (Siméon)

76 — Une Maison de paysans.

Aquarelle. (Signé.)

H. 23 c L. 35 c.

FRAGONARD (Jean-Honoré)

77 — Enfants et cavaliers en marche portant un drapeau et jouant de la flûte.

A la sépia.

H. 30 c. L. 19 c.

FRAGONARD

78 — Un Artiste étendu sur le sol et dessinant.

A la sanguine.

H. 31 c. L. 40 c.

FRANCIA (L.)

79 — Paysages, Figures et Marine.

Aquarelle. (Signé.)

H. 12 c. L. 18 c.

GÉRICAULT (Jean-Louis-Théodore)

80 — Mazeppa.

Très beau dessin à la mine de plomb et à la sépia.

H. 08 c. L. 11 c.

GÉRICAULT

81 — Le Maréchal-Ferrant.

A la sépia. (Signé Géricault, janvier 1823.)

H. 18 c. L. 23 c.

GÉRICAULT

82 — Un Militaire grec et un Soldat français.

Croquis à la mine de plomb.

H. 21 c. L. 28 c.

GÉRICAULT

83 — Figure d'Homme assis et vu de profil; un mouchoir lui entoure la tête.

Croquis au crayon noir.

H. 28 c. L. 20 c.

GÉRICAULT

84 — Soldat étendu mort sur un champ de bataille et ayant son chien près de lui.

Croquis à la mine de plomb.

H. 21 c. L. 28 c.

GERICAULT

85 — Une Main.

Étude à l'estompe et au crayon noir.

H. 28 c. L. 19 c.

GÉRICAULT

86 — Plusieurs Chevaux.

Croquis à la mine de plomb.

H. 21 c. L. 28 c.

GREUZE (Jean-Baptiste)

87 — L'Amour endormi.

Beau dessin à la mine de plomb et à l'encre de Chine.

H. 30 c. L. 37 c.

GREUZE

88 — Tête d'Homme.

Étude à la sanguine.

H. 44 c. L. 33 c.

GREUZE

89 — Le Nourrisson.

Croquis à la plume et à l'encre de Chine.

H. 27 c. 1/2. L. 25 c.

HUET (Jean-Baptiste)

90 — Une Bergère conduisant un troupeau.

Très-beau dessin à la pierre noire et à l'encre de Chine, légèrement retouché à l'aquarelle. (Signé J.-B. Huet, 1776.)

H. 26 c. 1/2. L. 37 c. 1/2.

HUET

91 — Paysage avec animaux et rochers sur la gauche.

Gouache d'une grande finesse. (Signé J.-B. Huet, 1788.)

H. 18 c. L. 27 c.

HUET

(PENDANT DU PRÉCÉDENT)

92 — Paysage avec cours d'eau et animaux au premier plan.

Gouache d'une grande finesse. (Signé J.-B. Huet, 1788.)

H. 18 c. L. 27 c.

HUET

93 — Une petite Bergère tenant une rose, ayant son chien et quelques moutons autour d'elle.

Beau dessin à la plume et à la sépia, légèrement lavé d'aquarelle. (Signé J.-B. Huet, 1773.)

H. 17 c. 1/2. L. 30 c.

HUET

(PENDANT DU PRÉCÉDENT)

94 — Un petit Berger jouant de la flûte et faisant danser son chien.

Beau dessin à la plume et à la sépia, légèrement lavé d'aquarelle. (Signé J.-B. Huet, 1773.)

H. 19 c. 1/2. L. 30 c.

HUET

95 — Un Mulet et quelques Moutons près d'un cours d'eau.

Délicieux dessin à l'aquarelle. (Signé J.-B. Huet.)

H. 15 c. 1/2. L. 21 c. 1/2.

HUET

(PENDANT DU PRÉCÉDENT)

96 — Un Cheval et un Chien.

Délicieux dessin à l'aquarelle. (Signé J.-B. Huet, 1772.)

H. 15 c. 1/2. L. 21 c. 1/2.

HUET

97 — Enfant retenant un chien qui veut attaquer un coq.

Beau dessin à la plume. (Signé J.-B. Huet.)

H. 27 c. L. 33 c.

HUET

98 — Paysage avec chaumière.

Gouache.

Forme ovale. — H. 24 c. L. 20 c.

HUET

(PENDANT DU PRÉCÉDENT)

99 — Paysage avec cours d'eau traversé par un pont de bois.

Gouache.

Forme ovale. — H. 24 c. L. 20 c.

HUET

100 — Paysage avec cours d'eau au premier plan, où des moutons vont se désaltérer.

Beau dessin au fusain rehaussé de blanc. (Signé J.-B. Huet, 1771.)

H. 36 c. L. 48 c.

HUET

(PENDANT DU PRÉCÉDENT)

101 — Paysage. Sur la gauche, un berger gardant un âne et des moutons.

Beau dessin au fusain rehaussé de blanc. (Signé J.-B. Huet, 1771.)

H. 36 c. L. 48 c.

HUET

102 — Paysage avec ravins, chèvres et moutons; à gauche, un berger endormi.

Dessin à la sanguine et lavis. (Signé Huet, 1767.)

H. 25 c. 1/2. L. 37 c.

HUET

103 — Jeunes Filles essayant des flèches.

A la plume et à l'encre de Chine. (Signé J.-B. Huet.)

Forme ovale. — H. 23 c. L. 19 c.

JACQUES (Charles)

104 — Le Forgeron.

Au fusain. (Signé.)

H. 11 c. 1/2. L. 9 c. 1/2.

JANINET (D'après Boucher)

105 — Trois Bacchantes.

A la pierre noire, à la sanguine, et légèrement retouché au pastel.

H. 27 c. L. 19 c. 1/2.

JOANNOT (Alfred)

106 — L'Entrée au couvent.

Aquarelle.

H. 23 c. L. 18 c. 1/2.

JOANNOT

107 — La Duchesse d'Orléans lisant sur le balcon du Palais-Royal l'annonce de la victoire d'Hastenbeck.

Aquarelle.

H. 17 c. L. 13 c. 1/2.

JOYANT (J.-O.)

(DEUX PENDANTS)

108 — Vues de Venise : l'une prise aux environs de l'église de la Salute ; la seconde, près le palais Labbia.

A la mine de plomb. (Vente Joyant.)

H. 30 c. L. 21 c.

LAMI (Eugène)

109 — Réception faite à la Duchesse d'Orléans par le roi Louis-Philippe dans le grand escalier de Versailles.

Très-belle aqnarelle commandée à l'artiste par le roi, lors du mariage du duc d'Orléans.

H. 27 c. L. 34 c. (Les angles coupés.)

LALLEMAND

(DEUX PENDANTS)

110 — Originaux des gravures décoratives avec sujets de bergerie.

A la plume.

H. 25 c. L. 18 c.

LANCRET (Nicolas)

111 — Jeune Femme debout et vue de profil.

Joli dessin à la sanguine.

H. 29 c. L. 18 c.

LANCRET

112 — Deux figures d'Homme debout.

Croquis à la sanguine et aux crayons noir et blanc.

H. 21 c. 1/2. L. 20 c. 1/2.

LAPITO (Auguste)

113 — Vue prise à Cannes.

Aquarelle.

H. 27 c. L. 43 c.

LAURIN

114 — Naïades au repos.

Sanguine.

H. 13 c. L. 19 c.

LE BARBIER (L'aîné)

115 — Un Satyre, une Bacchante et deux Amours.

Beau dessin à la sépia. (Signé Le Barbier l'aîné, 1817.)

H. 25 c. L. 32 c.

LE BARBIER (L'aîné)

116 — Un Satyre et un Amour.

Dessin à la plume. (Signé Le Barbier l'aîné.)

H. 15 c. 1/2. L. 23 c. 1/2.

LE BRUN (Élisabeth-Louise-Vigée)

117 — Étude faite pour la figure de la Paix, qui est dans le tableau du Louvre n° 81 : *la Paix ramenant l'abondance.*

Belle étude au pastel provenant de la collection Marcille.

H. 48 c. L. 41 c.

LE CARPENTIER

118 — Le Palais de Versailles. La vue est prise en face la grande grille d'entrée du palais; sur le devant, des voitures et un grand nombre de personnages.

Aquarelle d'une grande finesse.

H. 27 c. L. 58 c.

LESPINASSE (Louis-Nicolas)

119 — Le Palais-Royal. La vue est prise du côté de la rue Vivienne, à l'entrée du jardin, qui est animé d'un grand nombre de figures.

Aquarelle de la plus grande finesse et aussi de la plus grande rareté, qui nous montre le jardin du Palais-Royal en 1785. (Signé D. L., 1785.)

H. 29 c. 1/2. L. 48 c. 1/2.

LE PRINCE (Jean-Baptiste)

120 — Deux jeunes Femmes, et une petite Fille montée sur un âne, se promènent dans la campagne.

Délicieux dessin à la sépia. (Signé Le Prince, 1777.)

Forme ronde. — Diam. 28 c.

LE PRINCE

121 — Paysage et animaux traversant une mare.

Joli dessin à la sépia. (Signé Le Prince, 1777.)

Forme ronde. — Diam. 28 c.

LE PRINCE

122 — Jeunes Filles russes jouant sur une balançoire.

Aquarelle.

H. 18 c. L. 23 c.

LE PRINCE

123 — Paysage avec figures. Scène tirée du roman de Don Quichotte.

A la sépia. (Signé Le Prince, 1776.)

H. 17 c. L. 29 c.

LE PRINCE

124 — Diane et ses Nymphes.

Au crayon et à la sépia. (Signé J.-B. Le Prince, 1777.)

H. 20 c. L. 33 c.

LE PRINCE

125 — Mlle *** dans le rôle de Zaïre.

A la pierre noire.

H. 23 c. L. 18 c.

MACHY (Pierre de)

126 — La place de la Concorde. Vue prise sur le bord de l'eau.

Gouache très-fine.

H. 21 c. L. 40 c.

MICHEL

127 — Un Pont traversant un cours d'eau, et sur les bords des laveuses.

Charmante aquarelle.

H. 14 c. L. 20 c.

MIDI (Louis)

128 — Jeune Femme en costume de fantaisie, vue jusqu'à la ceinture.

Aquarelle.

H. 24 c L. 18 c.

MOREAU (Jean-Michel) dit le jeune

129 — Renaud et Armide; plusieurs Amours enlèvent les armes du héros.

Très-beau dessin à l'encre de Chine.

H. 31 c. L. 42 c.

MOREAU (le jeune)

130 — Pan poursuivant Syrinx.

Beau dessin à la plume et au bistre, rehaussé de blanc au pinceau. (Signé J.-M. Moreau le jeune, 1775.)

H. 15 c. 1/2. L. 23 c. 1/2.

MOREAU (Louis, dit l'aîné)

131 — Paysage montagneux, avec cavaliers sur la gauche.

Gouache.

H. 21 c. L. 26 c.

MOREAU (l'aîné)

(PENDANT DU PRÉCÉDENT)

132 — Paysage accidenté, avec berger et chèvres au premier plan.

Gouache.

H. 21 c. L. 26 c.

MOREAU (l'aîné)

133 — Paysage.

A l'encre de chine.

H. 19 c. L. 28 c.

MOREAU (l'aîné)

134 — Paysage, ruines et figures.

Sépia et plume. (Signé 1781.)

H. 12 c. L. 17 c.

NICOLLE (V.-G.)

135 — Vue d'une partie de la ville de Naples, prise près la Coricella, sous Capodi-Chino.

Belle aquarelle. (Signé V.-J. Nicolle.)

H. 20 c. 1/2. L. 31 c.

NICOLLE

136 — Vue des restes du Temple d'Hercule à Cori, bourg situé dans le Latium, du côté de Naples, et éloigné de Rome d'environ dix lieues.

Belle aquarelle. (Signé V.-J. Nicolle.)

H. 20 c. 1/2. L. 31 c.

NICOLLE

137 — Paysage avec monuments en ruine.

Aquarelle. (Signé V.-J. Nicolle.)

H. 13 c. 1/2. L. 19 c.

NICOLLE

(PENDANT DU PRÉCÉDENT)

138 — Paysage avec obélisque et monument en ruines.

Aquarelle. (Signé V.-J. Nicolle.)

H. 13 c. 1/2. L. 19 c.

NICOLLE

139 — Vue de la porte Castello et du château Saint-Ange, à Rome.

Aquarelle.

Forme ronde. — Diam. 7 c.

NICOLLE

140 — Vue de la partie septentrionale du Colisée et de Saint-Jean-de-Latran, à Rome.

Aquarelle.

Forme ronde. — Diam. 7 c.

NOEL (Jules)

141 — La Marchande de fruits.

Aquarelle. (Signé.)

H. 18 c. L. 13 c.

NOEL

142 — Côtes de Brest.

Mine de plomb. (Signé.)

H. 9 c. 1/2. — L. 14 c.

NOEL

143 — Maison de Pêcheurs.

Aquarelle. (Signé.)

H. 13 c. 1/2. L. 23 c.

ORSCHEVILLER (D')

144 — Des Singes; l'un au lit reçoit la visite du médecin.

Aquarelle. (Signé.)

H. 13 c. L. 17 c.

OUDRY (Jean-Baptiste)

145 — Vue prise dans un parc.

Au crayon noir rehaussé de blanc.

H. 28 c. L. 42.

OUVRIER (Justin)

146 — Saint-Goar, sur le Rhin.

Très-belle aquarelle. (Signé Justin Ouvrier.)

H. 24 c. L. 30 c

PALIZZI

147 — Deux Moutons.

A l'aquarelle gouachée. (Signé Palizzi.)

H. 13 c. 1/2. L. 12 c. 1/2.

PÉLEZ (Fernand)

148 — Vue de Venise.

Aquarelle gouachée.

H. 14 c. L. 21 c.

POL (Chrétien Van)

149 — Dans un vase orné de bas-reliefs sont disposés avec art des roses, des narcisses, des lilas, des jacinthes, des tulipes, etc.

Grande et belle gouache provenant de la vente de madame Panckouke.

H. 58 c. L. 56 c.

PROUT (Samuel)

150 — Chapelle de Thein, à Prague.

Aquarelle et crayon. (Signé des initiales S. P.)

H. 45 c. L. 32 c.

PRUD'HON (Pierre)

151 — Signature des préliminaires de paix, à Léoben.

Beau dessin à l'estompe et aux crayons noir et blanc sur papier bleu. (Vente de Boifremont.)

H. 36 c. L. 47 c.

PRUD'HON

152 — Erato ou Euterpe, statue représentée debout et tenant une lyre.

Aux crayons noir et blanc sur papier bleu. (Vente de Boifremont.)

H. 18 c. 1/2. L. 9 c.

PRUD'HON

153 — La petite Diane.

Sur papier bleu rehaussé de blanc, dessin gravé. (Vente Laperlier.)

Ce dessin a été fait pour l'illustration d'un roman de Lucien Bonaparte.

H. 12. L. 7 1/2.

QUEVERDO (François)

154 — La Déclaration.

A la plume, à l'encre de Chine et à la mine de plomb.

H. 20 c. L. 45 c.

RAFFET

155 — Une Paysanne.

Aquarelle. (Signé Raffet, Berne, 11 mars.)

H. 29 c. L. 22 c.

ROBERT (Hubert)

156 — Monuments en ruine; dans le fond, la colonne Trajane.

Belle aquarelle. (Signé H. Robert.)

H. 34 c. 1/2. L. 23 c. 1/2.

ROBERT

157 — Escalier conduisant sur une terrasse.

A la sanguine.

H. 28 c. L. 37 c.

ROBERT

158 — Ruines.

Sanguine.

H. 23 c. L. 31 c.

ROBERT

159 — Intérieur de la cour du château de Meudon, pendant la démolition.

Aquarelle et crayon.

H. 25 c. L. 35 c.

ROUARGUE

160 — Vue de Venise.

Gouache. (Signé A. R.)

H. 14 c. L. 19 c.

SAULNIER

161 — Vue prise à Episy.

Aquarelle signée.

H. 29 c. L. 42 c.

SPAENDONCK (Corneille Van)

162 — Fruits et Fleurs dans un vase posé sur un entablement de pierre.

Aquarelle.

H. 30 c. L. 24 c.

SPAENDONK

(DEUX PENDANTS)

163 — Vases contenant des Fleurs.

A la plume et à l'aquarelle.

Ovale. — 22 c. sur 19 c. en haut.

TIÉPOLO (Domenico)

164 — Plusieurs Cavaliers en marche.

Beau dessin à la sépia. (Signé.)

H. 20 c. L. 28 c.

VERNET (HORACE)

165 — Huit Sépias : la Messe au Palais-Royal, l'Arrestation des Princes, Richelieu fait don du palais à Louis XIII, Desmoulins monté sur une chaise harangue le peuple, Richelieu, Mazarin et Anne d'Autriche, etc., etc.

Compositions des tableaux qui ont été faits pour l'histoire du Palais-Royal et qui ont été détruits en 1848.

H. 19 c. L. 13 c. 1/2.

VERNET

166 — Couronnement de l'impératrice Joséphine.

Mine de plomb et sépia. (Signé.)

H. 14 c. L. 18 c.

WATELET

167 — Croquis des vues et paysages d'un voyage en Hollande, par M. Watelet, auteur de l'*Art de peindre*, et associé libre de l'Académie de peinture et de sculpture.

12 feuilles contenant 27 dessins à la plume avec la sépia. (Signé et daté, 1777.)

WATTEAU (ANTOINE)

168 — Un homme assis pinçant de la mandoline.

Croquis à la sanguine et au crayon blanc. (Vente Auguste.)

H. 24 c. L. 16 c.

WATTEAU

169 — Jeune Femme assise sur un canapé.

Au crayon noir et à la sanguine. (Vente J. Villot.)

H. 21 c. 1/2. L. 20 c. 1/2.

WATTEAU

170 — Jeune Femme debout, vue de dos.

A la sanguine.

H. 22 c. 1/2 L. 13 c.

WATTEAU

171 — Jeune Femme assise sur l'herbe.

A la sanguine.

H. 12 c. 1/2. L. 20 c. 1/2.

WATTEAU (D'après ANTOINE)

172 — Les Artistes de la comédie italienne.

Joli dessin fait pour la gravure.

H. 19 c. L. 24 c.

WHRIGT (J.-W.)

173 — Un jeune Cavalier met un bracelet de perles à sa Fiancée; elle semble hésiter dans le choix en voyant la cassette pleine de bijoux du marchand juif.

Aquarelle. (Signé à gauche des initiales J.-W.-W.) Vente Albert.

H. 33 c. L. 23 c.

WILLE (Père)

174 — Paysage avec maison rustique.

A la plume. (Signé J.-G. Wille S.)

H. 16 c. L. 22 c.

WILLE (Fils)

175 — Tête de petite Fille.

Dessin très-spirituel à la sanguine et à l'estompe.

H. 33 c. L. 25 c.

WITEL (Gaspard Van), dit Van Witelli

176 — Vue de la place du Peuple, à Rome.

Très-belle gouache. (Signé Gasp. V. Witel, 1683.)

H. 27 c. L. 47 c.

WITEL

(PENDANT DU PRÉCÉDENT)

177 — Vue de Rome prise sur les bords du Tibre ; dans le fond, le château Saint-Ange.

Très-belle gouache. (Signé G. Van Witel.)

H. 27 c. L. 47 c.

178 — Environ cent dessins à la mine de plomb et à l'aquarelle, par Watteau fils, Le Clerc, Patas, Saint-Aubin, Derais, etc.

Faits pour l'ouvrage gravé et intitulé : *Cahier de costumes français ; suite d'habillements à la mode au* XVIIIe *siècle.* Sera divisé.

179 — Environs 30 dessins et aquarelles par Giraud, Français et autres.

Sera divisé.

MINIATURES

CHARLIER

(DEUX MINIATURES)

180 — Portrait de François Boucher, peintre du roi, et de Mme Boucher tenant une brochure.

Forme ovale. — H. 8 c. L. 6 c. 1/2.

GUÉRIN (JEAN)

(MINIATURE)

181 — Portrait de jeune Femme assise, vêtue d'une robe blanche décolletée.

(Signé J. Guérin F.)

Forme ovale. — H. 8 c. L. 6 c. 1/2.

KAUFFMANN (Attribué à ANGÉLICA)

(MINIATURE)

182 — Jeune Femme blonde avec couronne de fleurs; les épaules nues.

Forme ronde. — Diam. 6 c. 1/2.

TABLEAUX

MACHY (Pierre de)

(DEUX PENDANTS)

183 — Vues prises dans le jardin des Tuileries.

Jolis petits tableaux de forme ronde. — Diam. 10 c.

STANFIELD (Clarkson). R.-A.

184 — Marine.

Le temps semble se calmer; au milieu d'une mer houleuse, une barque de pêcheurs baisse sa voile pour gagner terre à l'aide d'un câble.

Collection Roberts, de New-York. (Signé à gauche.)

H. 44 c. L. 59 c.

VOLLON

185 — Le Pont d'Asnières.

VOLLON

186 — Bouquet de fleurs dans un vase.

187 — Sous ce numéro seront vendus environ dix tableaux, par Fauvelet, Rossi, Durand Brager, Brest et autres.

188 — Sous ce numéro seront vendus plusieurs Miniatures et fixés, fleurs, paysages et portraits.

Renou et Maulde, imprimeurs de la Compagnie des Commissaires-Priseurs, rue de Rivoli, 144. 21597

www.ingramcontent.com/pod-product-compliance
Ingram Content Group UK Ltd.
Pitfield, Milton Keynes, MK11 3LW, UK
UKHW031957260826
14628UKWH00005B/2107

9 782329 525051